AF221681

Impressum
Verlag: BABADADA GmbH, Nedderfeld 112 , 22529 Hamburg
Geschäftsführer / Verlagsleitung: Harald Hof
Druck: Books on Demand GmbH, In de Tarpen 42, 22848 Norderstedt

Imprint
Publisher: BABADADA GmbH, Nedderfeld 112 , 22529 Hamburg, Germany
Managing Director / Publishing direction: Harald Hof
Print: Books on Demand GmbH, In de Tarpen 42, 22848 Norderstedt, Germany

škola

ቤት-ትምህርቲ

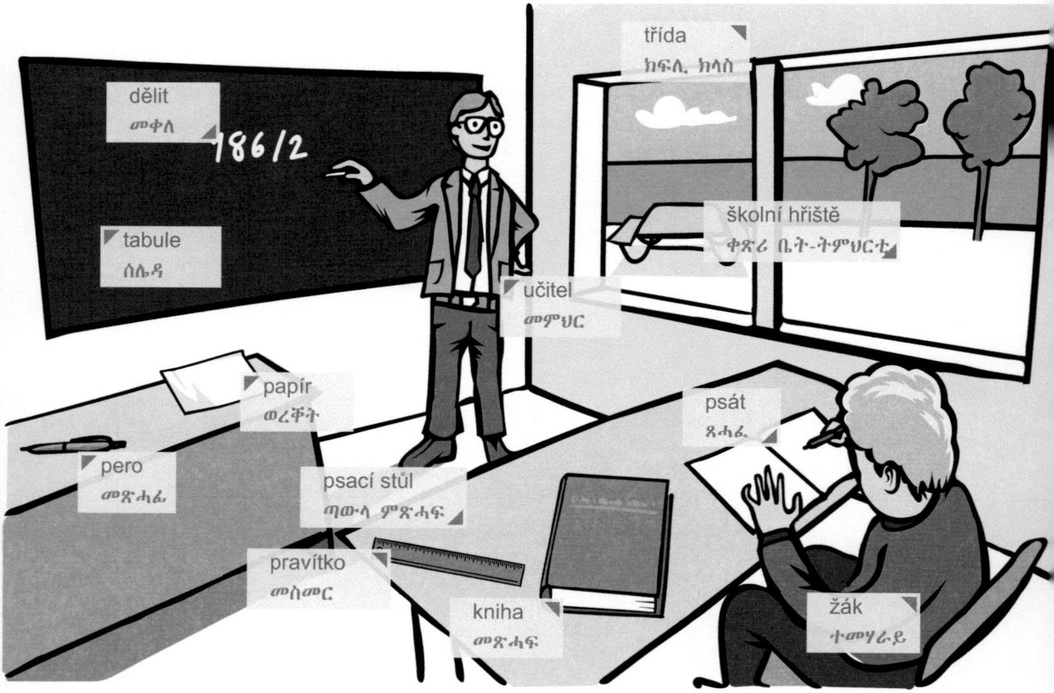
třída
ክፍሊ ክላስ
dělit
መቀለ
186/2
tabule
ሰሌዳ
školní hřiště
ቀጽሪ ቤት-ትምህርቲ
učitel
መምህር
papír
ወረቐት
psát
ጸሓፈ
pero
መጽሓፊ
psací stůl
ጣውላ ምጽሓፍ
pravítko
መስመር
kniha
መጽሓፍ
žák
ተመሃራይ

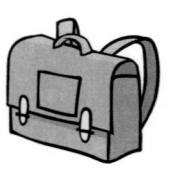

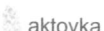

aktovka

ሳንጣ ትምህርቲ

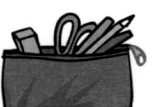

penál

ሰፈር ብርዒ

tužka

ርሳስ

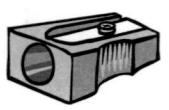

ořezávátko

መብልሒ ርሳስ

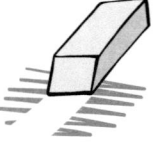

guma

መደምሰሲ

blok na kreslení

ጥራዝ ስእሊ

výkres

ስእሊ

štětec

ብርዒ ቀለም

malířské potřeby

ቦክስ ቀለም

nůžky

መቐስ

lepidlo

መጣበቒ

cvičebnice

ጥራዝ መላመዲ

domácí úkol

ዕዮ ገዛ

počet

ቁጽሪ

sčítat

ወሰኸ

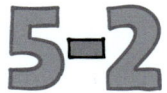

odčítat

ጎደለ

násobit

ረብሐ

počítat

ደመረ

písmeno

ፊደል

abeceda

ስርዓት ፊደላት

slovo

ቃል

text

ጽሑፍ

číst

አንበበ

křída

ኩርሽ

hodina

ሰዓት

třídní kniha

መዝገብ ክላስ

zkouška

መርመራ

vysvědčení

ሰርቲፊከት

školní uniforma

ድቢዛ ቤትትምህርቲ

vzdělání

ትምህርቲ

encyklopedie

ለክሲኮን

univerzita

ዩኒቨርሲቲ

mikroskop

ሚክሮስኮፕ

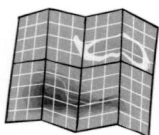

karta

ካርታ

odpadkový koš na papír

ጎሓፍ ወረቐት

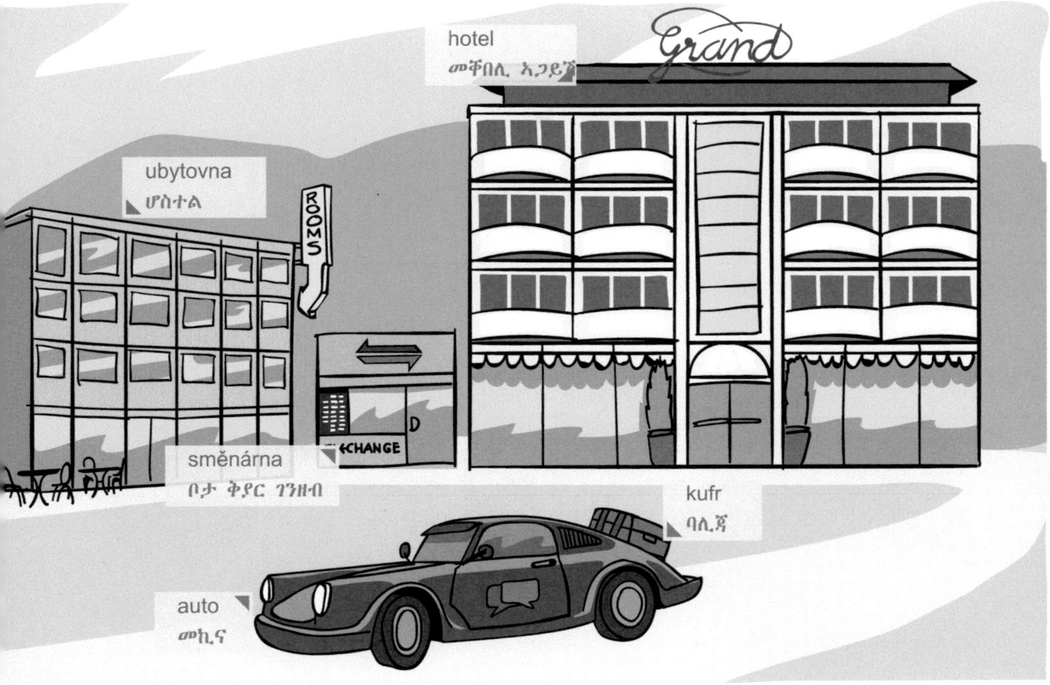

hotel
መቐበሊ ኣጋይሽ
Grand
ubytovna
ሆስተል
ROOMS
směnárna
ቦታ ቅያር ገንዘብ
EXCHANGE
kufr
ባሊጃ
auto
መኪና

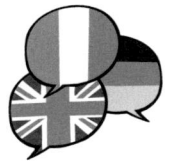

jazyk

ቋንቋ

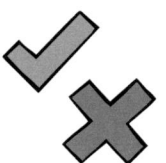

ano / ne

እወ / ኖ

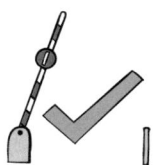

oukej

ሕራይ

Ahoj!

ሰላም

překladatel

ኣስተርጓሚ

děkuji

የቐንየለይ

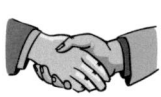

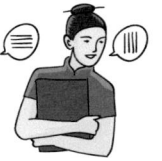

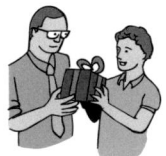

Kolik stojí...?

. . . ክንደይ ዋግኡ?

nerozumím

አይተረድእኩን

problém

ሽግር

Dobrý večer!

ሰላም ምሸት!

Dobré ráno!

ከመይ ሓዲርካ

Dobrou noc!

ሰላም ለይቲ

na shledanou

ደሓን ኩን

směr

አንፈት

zavazadlo

ጉዓዝ

taška

ሳንጣ

batoh

ሳንጣ ሕቖ

host

ጋሻ

pokoj

ክፍሊ

spací pytel

ክሻ መደቐሲ

stan

ቴንዳ

turistické informace

ሓበሬታ በጻሕቲ ሃገር

pláž

ገምገም ባሕሪ

kreditní karta

ክሬዲት ካርድ

snídaně

ቁርሲ

oběd

ምሳሕ

večeře

ድራር

jízdenka

ቲከት

výtah

ሊፍት

poštovní známka

ማሕተም ደብዳበ

hranice

ዶብ

clo

ድንና

poselství

ኣምባሲ

vízum

ቪዛ

pas

ፓስፖርት

transport

መጓዓዝያ

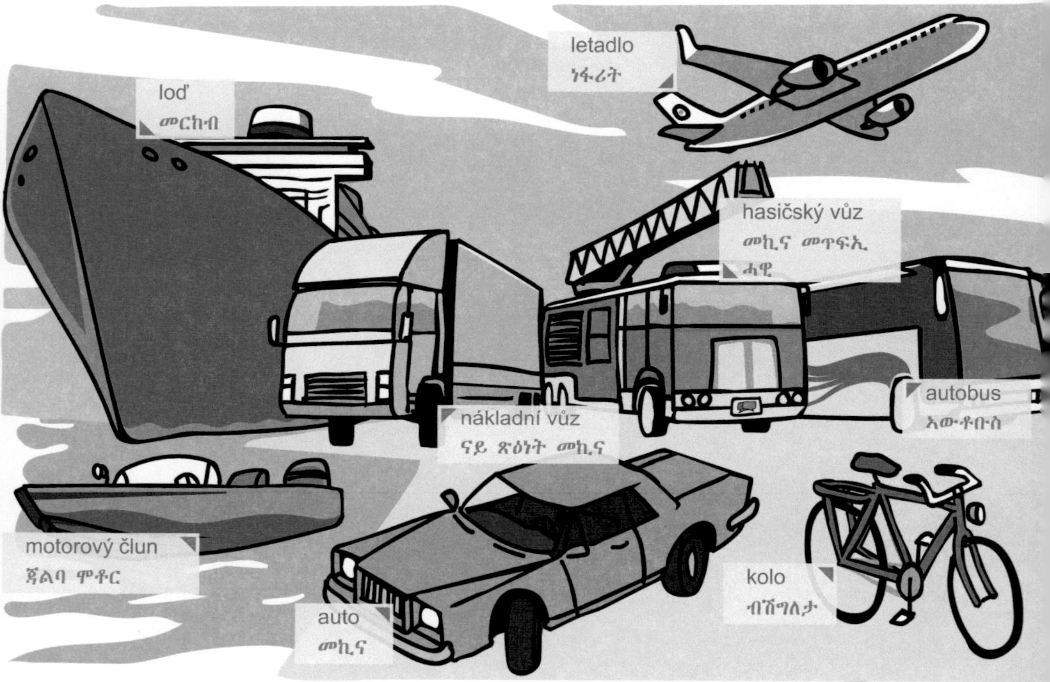
letadlo
ነፋሪት
loď
መርከብ
hasičský vůz
መኪና መጥፍኢ ሓዊ
autobus
ኣውቶቡስ
nákladní vůz
ናይ ጽዕነት መኪና
motorový člun
ጃልባ ሞቶር
kolo
ብሽግለታ
auto
መኪና

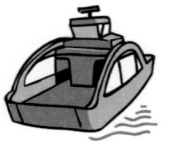

přívoz

ፈሪ

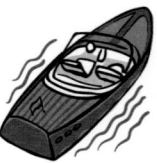

člun

ጃልባ

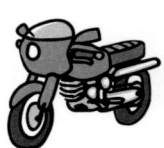

motorka

ሞቶ

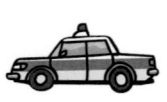

policejní auto

መኪና ፖሊስ

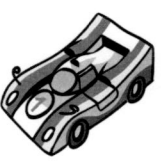

závodní auto

መኪና ቅድድም

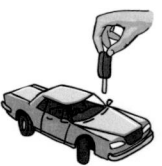

pronajaté auto

ክራይ መኪና

sdílení aut

ምውፋይ መካይን

odtahová služba

መወሰዲ መኪና

popelářský vůz

መኪና ጎሓፍ

motor

ሞቶር

palivo

ነዳዲ

čerpací stanice

እንዳ ነዳዲ

dopravní značka

ምልክት ትራፊክ

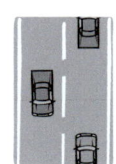

doprava

ትራፊክ

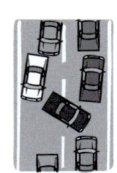

dopravní zácpa

ምጭቕጫቕ ትራፊክ

parkoviště

መዕሸጊ መኪና

vlakové nádraží

መዕረፊ ባቡር

koleje

ሓዲግ

vlak

ባቡር

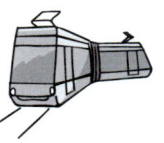

tramvaj

ትረም

vagón

ባጎኒ

helikoptéra

ሄሊኮፕተር

letiště

መዓረፍ ነፈርቲ

věž

ታወር

pasažér

ተጓዢ

kontejner

ኮንተይነር

kartón

ሳንዱቅ ካርቶን

trakař

ኮርሳ ጽዕነት

koš

ዘንቢል

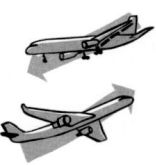

vzlétnout / přistát

ተበገሰ / ዓለበ

město

ከተማ

vesnice

ቀሺት

střed města

ማእከል ከተማ

dům

ገዛ

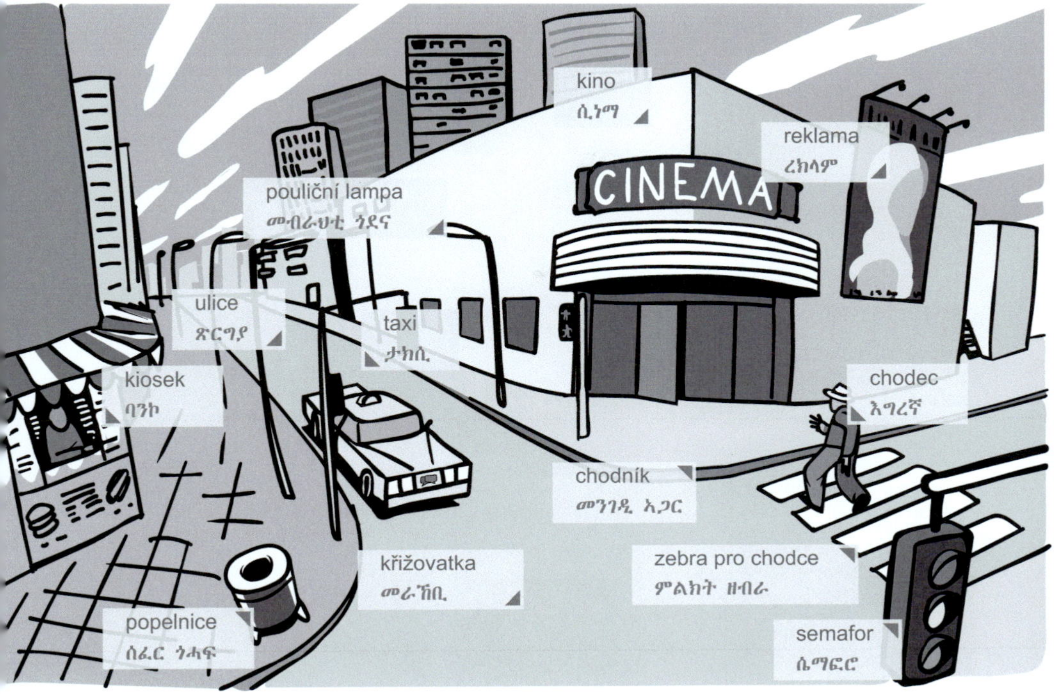
kino
ሲኒማ
reklama
ረክላም
CINEMA
pouliční lampa
መብራህቲ ጎደና
ulice
ጽርግያ
taxi
ታክሲ
kiosek
ባንኮ
chodec
እግረኛ
chodník
መንገዲ ኣጋር
křižovatka
መራኸቢ
zebra pro chodce
ምልክት ዘብራ
popelnice
ሰፈር ጎሓፍ
semafor
ሴማፎሮ

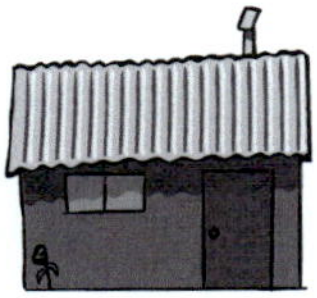

chata

ኣጕዶ

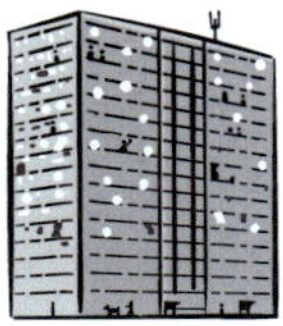

byt

ኣፓርትመንት

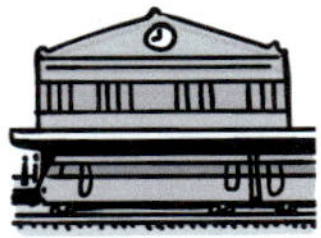

vlakové nádraží

መዕረፊ ባቡር

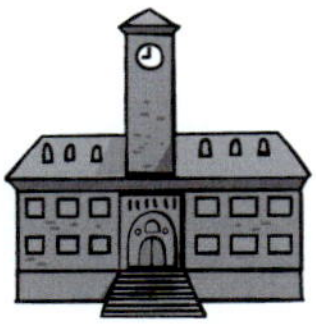

radnice

ቤት ምምሕዳር

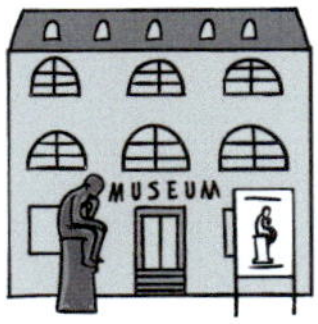
MUSEUM

muzeum

ቤተ መዘክር

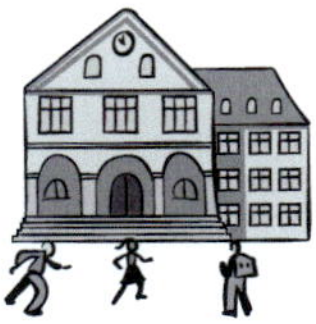

škola

ቤት-ትምህርቲ

univerzita

ዩኒቨርሲቲ

banka

ባንክ

nemocnice

ሆስፒታል

hotel

መቐበሊ ኣጋይሽ

lékárna

ቤት መድሃኒት

kancelář

ቤት ጽሕፈት

knihkupectví

ዱኳን መጽሓፍቲ

obchod

ዱኳን

květinářství

ዱኳን ዕንባባ

supermarket

ሱፐርማርከት

tržnice

ዕዳጋ

obchodní dům

ሹቕ

rybárna

ነጋዳይ ዓሳ

nákupní centrum

ሹቕ

přístav

መርሳ

park

መዝናግዒ

lavička

ባንኪ

most

ድልድል

schody

መደያይቦ

metro

ባቡር ትሕቲ ምድሪ

tunel

ቢንቶ

autobusová zastávka

መዕረፊ ኣውቶቡስ

bar

ቤት መስተ

restaurace

ቤት-መግቢ

poštovní schránka

ሰታሪት

pouliční tabule

ታቤላ

parkovací hodiny

ሰዓት ፓርኪንግ

zoo

መካነ እንስሳታት

plovárna

መሓምበሲ

mešita

መስጊድ

usedlost

ቤት ሕርሻ

znečišťování životního prostředí

ብከላ

hřbitov

መቃብር

církev

ቤተክርስትያን

hřiště

ቦታ ምጽዋት

chrám

ቤት መቅደስ

krajina
ስእሊ መሬት

list
ኣቝጽልቲ

rozcestník
መሕበሪ መገዲ

cesta
መገዲ

louka
ሜዳ

kámen
እምኒ

turista
ኩብላሊ

strom
ኣግራብ

řeka
ፈለግ

tráva
ሳዕሪ

květina
ዕንባባ

údolí

ስንጥሮ

hora

ጎቦ

jezero

ቀላይ

les

ዱር

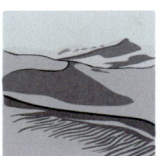

poušť

ምድረ በዳ

sopka

እሳተ-ጎመራ

zámek

ግምቢ

duha

ቀስተ-ደመና

houba

ቃንጦሻ

palma

ዓrኮብኮባይ

komár

ጣንጡ

moucha

ዝመwግ

mravenec

ጻጻ

včela

ንህቢ

pavouk

ሳሬት

brouk

ሕንዚዝ

žába

ዕንቅርያብ

veverka

ምጽጹላይ

ježek

ቅንፍዝ

zajíc

ማንቲለ

sova

ጉንን

pták

ጭሩ

labuť

ስዋን

divoké prase

መፍለስ

jelen

ዓጋዘን

los

ሙስ

přehrada

ግድብ

větrné kolo

ተርባይን ንፋስ

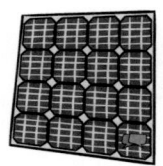

solární panel

ሶላር ስርሓት

podnebí

ኩነታት አየር

restaurace

ቤት-መግቢ

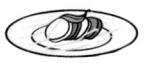

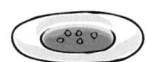

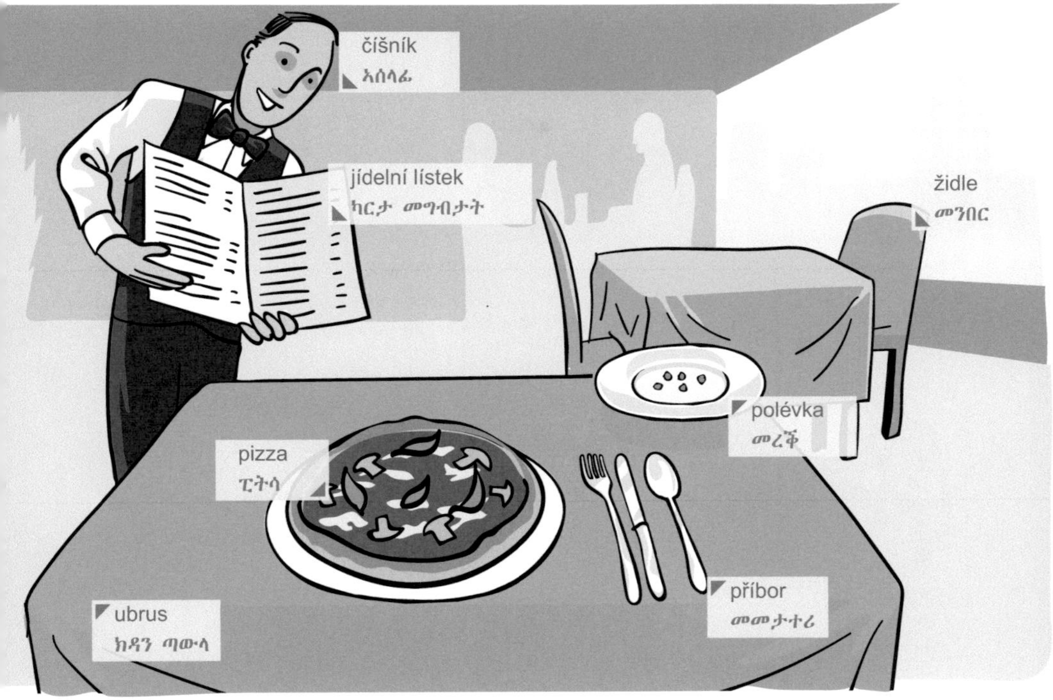

číšník
አሰላፊ
jídelní lístek
ካርታ መግብታት
židle
መንበር
polévka
መረቕ
pizza
ፒትሳ
příbor
መመታተሪ
ubrus
ክዳን ጣውላ

předkrm

ቅድመ ቀንዲ መግቢ

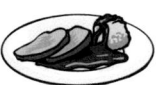

hlavní chod

ቀንዲ መኣዲ

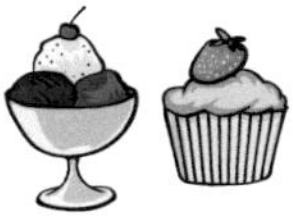

dezert

ድሕረ መግቢ

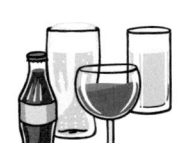

nápoje

መስተ

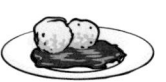

jídlo

መግቢ

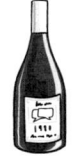

láhev

ጥርሙዝ

rychlé občerstvení

ስሉጥ መግቢ

pouliční občerstvení

መግቢ ጽርግያ

čajová konvice

ብርጭቆ ሻሂ

cukřenka

ታኒካ ሽኮር

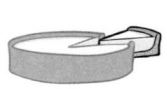

porce

ክፋል

kávovar na espresso

ማሺን ኤስፕሬሶ

dětská stolička

ነዊሕ መንበር

faktura

ጸብጸብ

tác

ታብለት

nůž

ካራ

vidlička

ፉርከታ

lžíce

ማንካ

čajová lyžička

ማንካ ሻሂ

ubrousek

ሰርቪየተ

sklenička

ብኬሪ

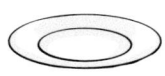

talíř

ሸሓኒ

talíř na polévku

ሸሓኒ መረቅ

podšálek

ትሕቲ ኩባያ

omáčka

ጸብሒ

slánka

ወሃቢ ጨው

mlýnek na pepř

መጥሓን በርበረ

ocet

አቾቶ

olej

ዘይቲ

koření

ቀመም

kečup

ከቹፕ

hořčice

አድሪ

majonéza

ማዮነዝ

supermarket

ሱፐርማርክት

nabídka
ወፈያ
FOR
zákazník
ዓሚል
mléčné výrobky
ፍርያታት ጸባ
ovoce
ፍረታት
nákupní vozík
ሰረገላ ዱኳን

BUTCHERS

masna

እንዳ ስጋ

BAKERY

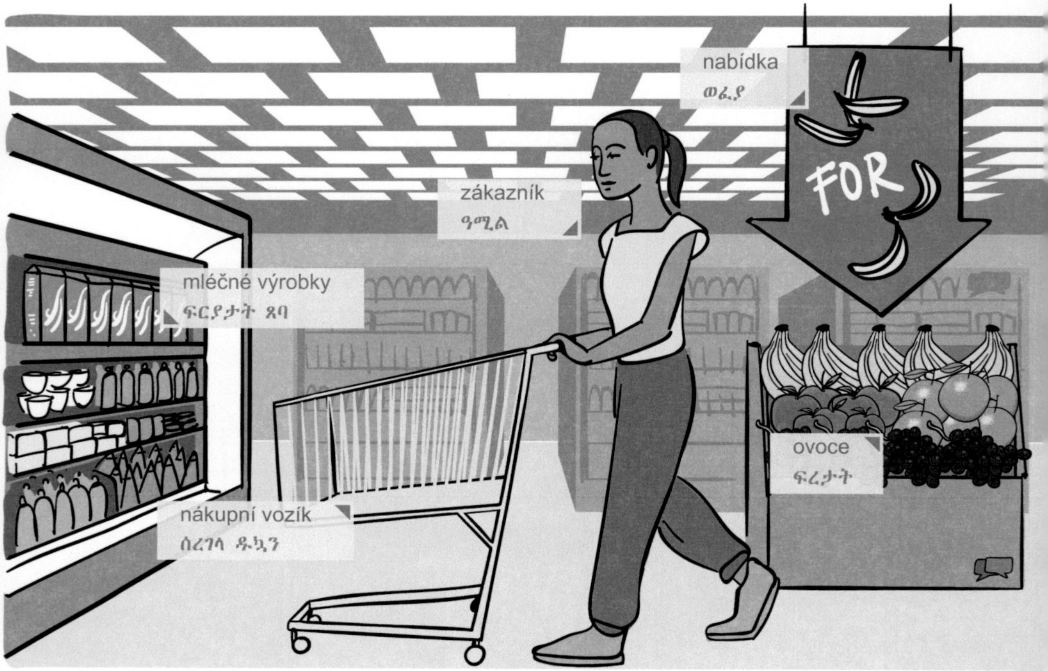

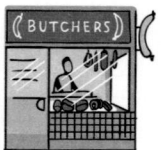

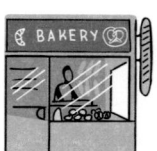

pekařství

እንዳ ባኒ

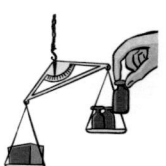

vážit

ክብደት

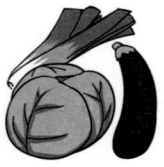

zelenina

ኣሕምልቲ

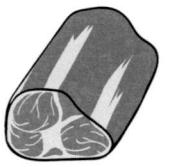

maso

ስጋ

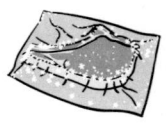

mražené potraviny

መግቢ ፍሪጅ በረድ

obložený talíř

ዝሑል ቅሩብ መግቢ

konzervy

እስታሳ

prací prášek

አሞ

cukrovinky

ምቁር መግቢ

výrobky pro domácnost

ዘቤታውያን ኣቕሑ

čisticí prostředek

ናውቲ መጸረዪ

prodavačka

ሸቃጣይ

pokladna

ካሳ

pokladní

ተሓዝ ገንዘብ

nákupní seznam

ዝርዝር ምግዛእ

otevírací doba

ክፉት ስዓታት

peněženka

ማሕፉዳ

kreditní karta

ክረዲት ካርድ

taška

ሳንጣ

igelitová taška

ፌስታል

voda

ማይ

džus

ጽማቚ

mléko

ጸባ

kola

ኮላ

víno

ነቢት

pivo

ቢራ

alkohol

አልኮል

kakao

ካካው

čaj

ሻሂ

káva

ቡን

espresso

ኤስፕረሶ

kapučíno

ካፑቺኖ

banán

ባናና

jablko

ቱፋሕ

pomeranč

አራንሺ

meloun

ብርጭቆ

citrón

ለሚን

mrkev

ካሮት

česnek

ጻዕዳ ሽጉርቲ

bambus

ባምቡስ

cibule

ሽጉርቲ

houba

ቅንጥሻ

ořechy

ፉል

těstoviny

ፓስታ

špageti

ስፓገቲ

rýže

ሩዝ

salát

ሰላጣ

hranolky

ቅልዋ ድንሽ

americké brambory

ቅሉው ድንሽ

pizza

ፒትሳ

hamburger

ሃምቡርገር

sendvič

ፓኒኖ

řízek

ቢስተካ

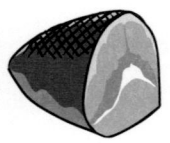

šunka

ሰለፍ ሓሰማ

salám

ሳላሚ

salám

ግዕዝም

kuře

ደርሆ

pečeně

ቀለወ

ryby

ዓሳ

ovesné vločky

ገዓት

müsli

ሙስሊ.

vločky

ኮርንፍለይክስ

mouka

ሓርጭ

croissant

ክሮሶን

houska

ባኒ

chléb

ባኒ

toast

ቶስት

sušenky

ብሽኩቲ

máslo

ጠስሚ.

tvaroh

ርግኦ

buchta

ፓስተ

vejce

እንቋቁሐ

volské oko

ቅሉው እንቋቁሐ

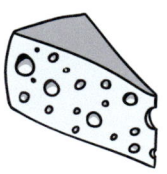

sýr

ፋርማጆ

zmrzlina

አይስ ክሪም

cukr

ሹኮር

med

መዓር

marmeláda

ጅም

nugátový krém

ኑጋት-ክረም

kari

ኩሪ

usedlost
ቤት ሕርሻ

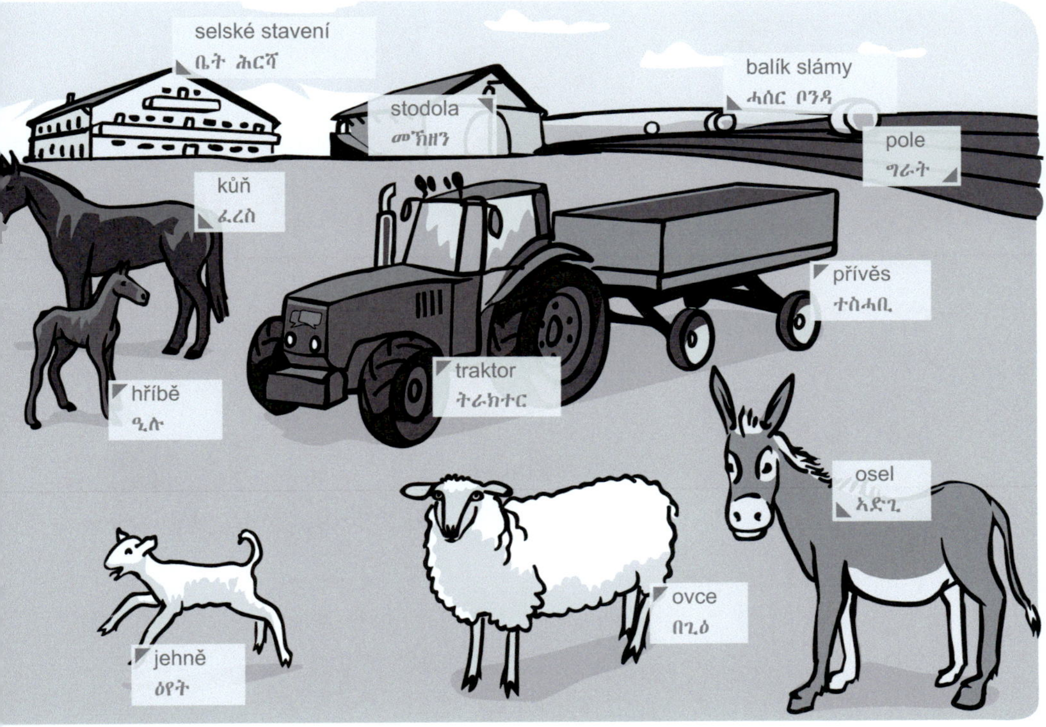
selské stavení
ቤት ሕርሻ
stodola
መኽዘን
balík slámy
ሓሰር ቦንዳ
pole
ግራት
kůň
ፈረስ
přívěs
ተስሓቢ
traktor
ትራክተር
hříbě
ዒሉ
osel
ኣድጊ
ovce
በጊዕ
jehně
ዕየት

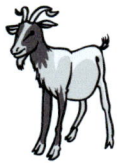

koza

ጤል

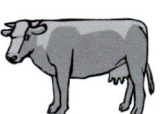

kráva

ብዕራይ

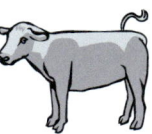

tele

ምራኽ

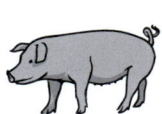

prase

ሓሰማ

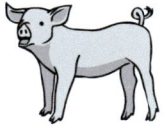

sele

ውላድ ሓሰማ

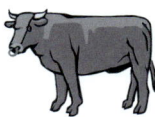

býk

ኣርሓ

husa

ዓሳ

kachna

ማይ ደርሆ

kuře

ጫቑሊት

slepice

ደርሆ

kohout

ኣርሓ ደርሆ

krysa

ኣንጨዋ ዓባይ

kočka

ድሙ

myš

ኣንጭዋ

vůl

ብዕራይ

pes

ከልቢ

psí bouda

ኣጎዶ ከልቢ

zahradní hadice

ቱባ ጆርዲን

kropicí konev

መዝፈፊ ማይ

kosa

ዓቢ ማዕጺድ

pluh

ማሕረሻ

srp

ማዕጺድ

motyka

ጭጓራ

vidle

መስአ

sekera

ፋስ

kolecko

ዓረብያ ኢድ

koryto

ጋቦላ

konev na mléko

ብርጭቆ ጸባ

pytel

ክሻ

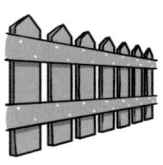

plot

ሓጹር

stáj

መንሰስ

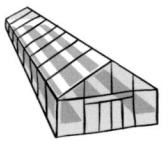

skleník

ቾጠልያ ገዛ

půda

ባይታ

osivo

ዘርኢ

hnojivo

ድኹዒ

kombajn

ዘጣምር ቀውዓይ

sklidit

ቀውስ

sklizeň

ጻማ

smldinec

ድንሽ ያም

pšenice

ስርናይ

sója

ሶያ

brambora

ድንሽ

kukuřice

ዕፉን

řepka

ራፕስ

ovocný strom

ገረብ ፍረታት

maniok

ማኒኦክ

obilí

አእኻል

komín
መውጽእ ትኪ

střecha
ናሕሲ

okap
መውሓዝ ዝናብ

okno
መስኮት

garáž
ጋራጅ

zvonek
ጭር መበሊታት

dveře
ማዕፆ

popelnice
ጎሓፍ መገለል

dopisní schránka
ቦክስ ደብዳበ

zahrada
ጀርዲን

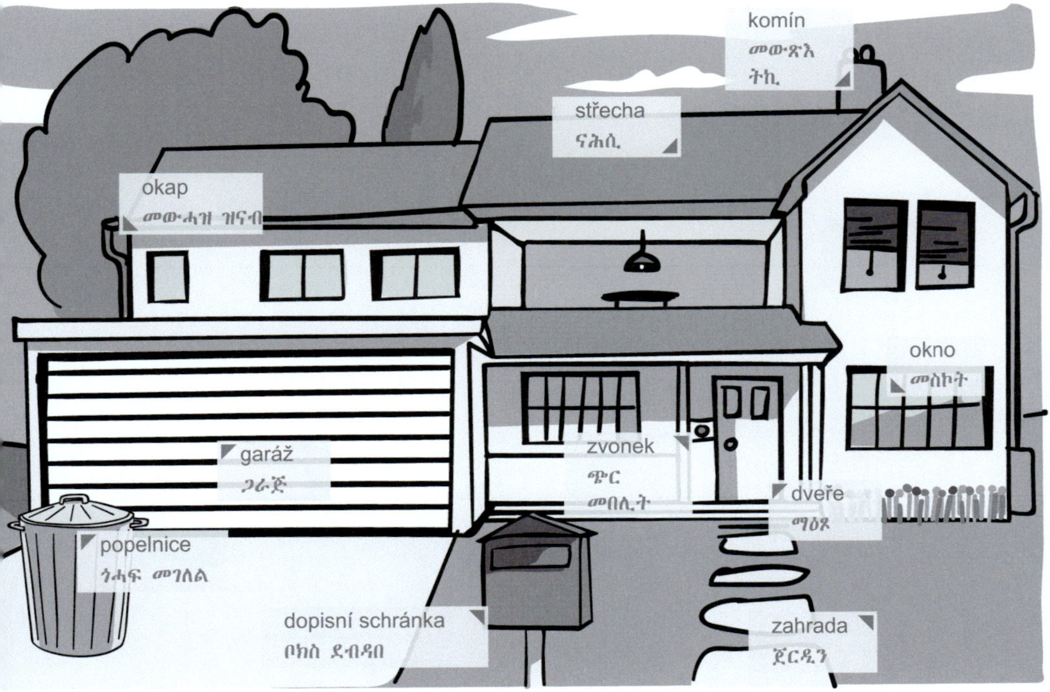

obývací pokoj

ክፍሊ ምቕማጥ

koupelna

ክፍሊ ባንዮ

kuchyně

ክሽን

ložnice

ክፍሊ መደቀሲ

dětský pokoj

ክፍሊ ቆልዑ

jídelna

መመገቢ ክፍሊ

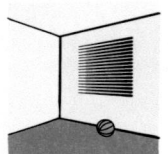

podlaha

ባይታ

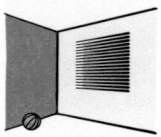

zeď

መንደቅ

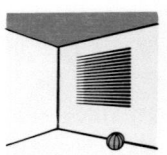

deka

ከበርታ

sklep

ካንቲና

sauna

ሳውና

balkón

ባልኮን

terasa

ዛላ

bazén

መሕምበሲ

sekačka na trávu

መቑረጺ ሳዕሪ

ložní prádlo

አንሶላ ዓራት

lůžková přikrývka

ከበርታ ዓራት

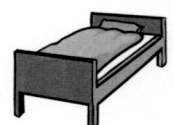

postel

ዓራት

smeták

መኹስተር

kýbl

መገለል

vypínač

መወልዒት

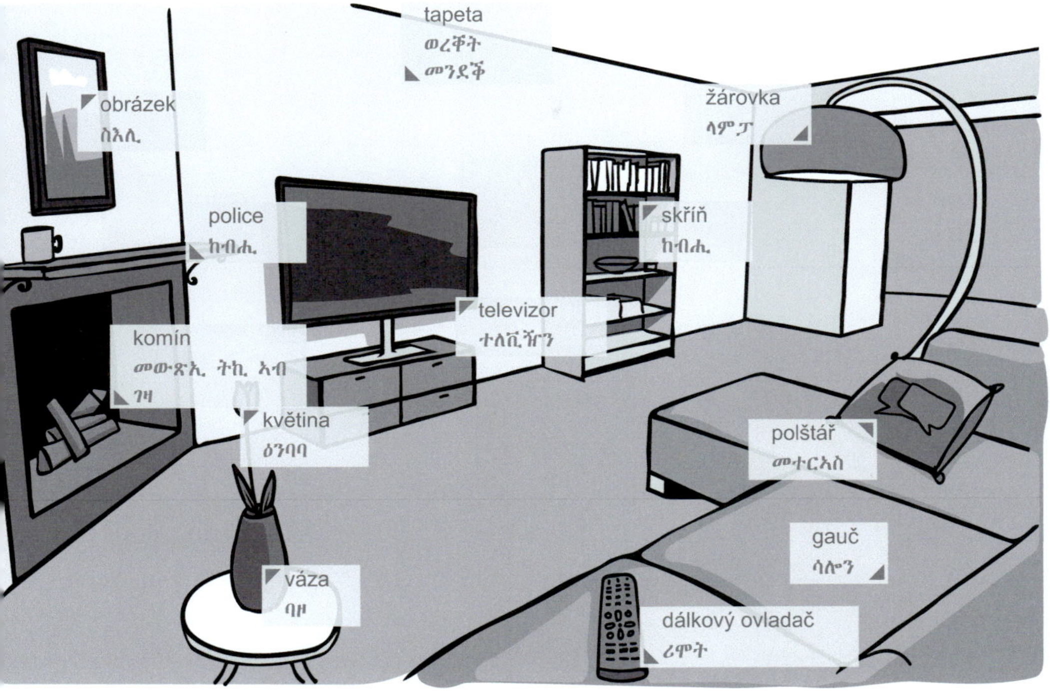

tapeta
ወረቐት
መንደቕ

obrázek
ስእሊ

žárovka
ላምፓ

police
ከብሒ

skříň
ከብሒ

komín
መውጽኢ ትኪ ኣብ
ገዛ

televizor
ተለቪዥን

květina
ዕንባባ

polštář
መተርአስ

gauč
ሳሎን

váza
ባዞ

dálkový ovladač
ሪሞት

koberec

መንጸፍ

závěs

መጋረጃ

stůl

ጣውላ

židle

መንበር

houpací křeslo

ሰለል ዝብል መንበር

křeslo

መንበር ምቹእ

kniha

መጽሐፍ

strop

ከቦርታ

ozdoba

ስልማት

palivové dříví

እንጨይቲ ሓዊ

film

ፊልም

stereo souprava

ስተረዮ

klíč

መፍትሕ

noviny

ጋዜጣ

malba

ቅብአ

plakát

ፖስተር

rádio

ረድዮ

poznámkový blok

ጥራዝ

vysavač

መልገሲ ደሮና

kaktus

በለስ

svíce

ሻምዓ

kuchyně

ክሽነ

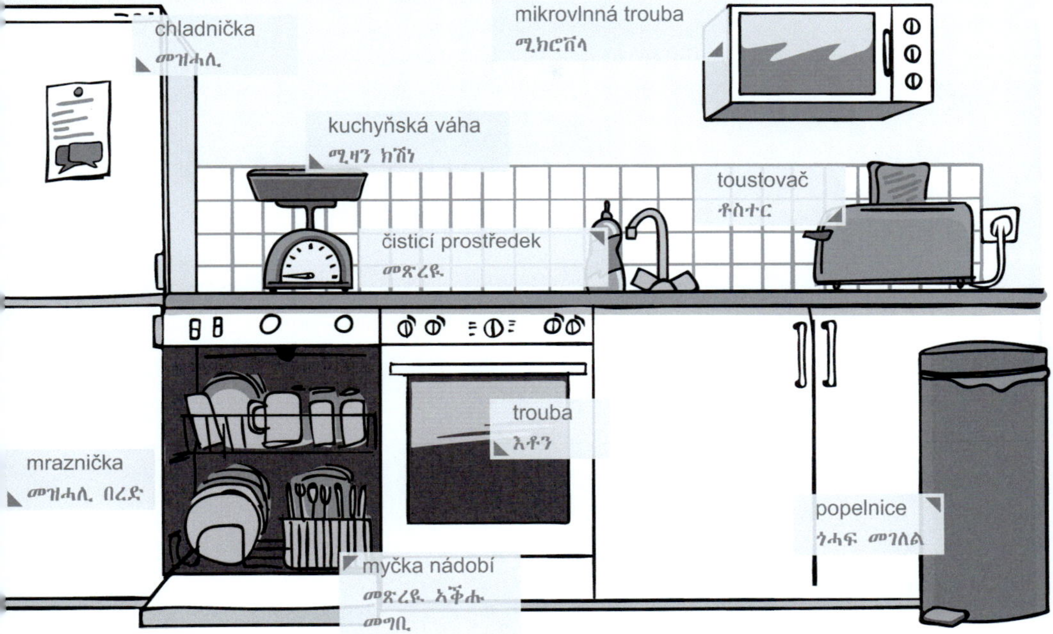

chladnička
መዝሓሊ
mikrovlnná trouba
ሚክሮቨላ
kuchyňská váha
ሚዛን ክሽነ
toustovač
ቶስተር
čisticí prostředek
መጽረዪ
trouba
እቶን
mraznička
መዝሓሊ በረድ
popelnice
ጎሓፍ መገለል
myčka nádobí
መጽረዪ ኣቕሑ
መግቢ

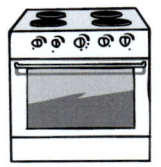

sporák

መኽሸኒ

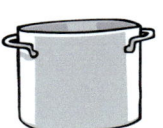

hrnec

ድስቲ

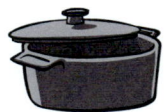

litinový hrnec

ድስቲ ሓጺን

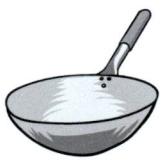

wok / kadai

ቮክ/ካዳይ

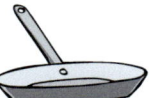

pánev

ባደላ

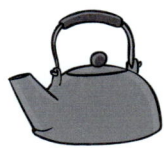

varná konvice

መውዓዪ ማይ

parní hrnec

መፍልሒ.

plech na pečení

ንንቴራ ምስንካት

nádobí

ኣቚሑ መግቢ.

hrnek

ብርጭቆ

miska

ጭሓሎ

jídelní hůlky

ማንካቺና

naběračka

ማንካ መረቐ

obracečka

መገልበጢ ባደላ

metla

መኹስተር ውርጫ.

síto

መንፊት መግቢ.

cedník

መንፊት

struhadlo

መፋሕፍሒ.

hmoždíř

ሞርታር

gril

ባርቢኪዩ

ohniště

ስፍራ ሓዊ

prkénko na krájení

እንጨይቲ ምምታር

váleček na těsto

እንጨይቲ ኩረር

vývrtka

መኽፈት ቡሽ

dóza

ታኒካ

otvírák na konzervy

መኽፈቲ ታኒካ

chňapka

ጨርቂ ድስቲ

umyvadlo

ቡምባ

kartáč na nádobí

ኣስባስላ

houba

ሰፍነግ

mixér

ሓዋሲ ኣደባላቒ

mrazák

መዝሓሲ በረድ

dětská lahev

ጥርሙዝ ማማይ

kohoutek

ቡምባ ማይ

topení
መውዓዪ

sprcha
መሕጸቢ ሻወር

ručník
ሽጎማኖ

sprchový závěs
ሻወር መጋረጃ

pěnová koupel
መሕጸቢ ዓፍራ

vana
ባንዮ መሕጸቢ

skleníčka
ብኬሪ

pračka
ሓጻቢት

kohoutek
ቡምባ ማይ

obkladačky
ማቶነላ

nočník
ድስቲ

umyvadlo
ቡምባ

záchod	turecký záchod	bidet
ሽቻቕ	ሽቻቕ ኮፍ	በዱ
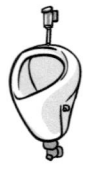		
pisoár	toaletní papír	záchodová štětka
ሽቻቕ ተባዕታይ	ወረቐት ሽቻቕ	አስባስላ ሽቻቕ

zubní kartáček

አስባስላ ስኒ

zubní pasta

ክሬማ ስኒ

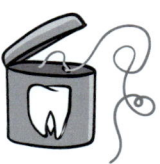

zubní niť

ሃሪ ስኒ

mýt

ሓጸበ

ruční sprcha

ዱሽ ኢድ

intimní sprcha

ዱሽ

umyvadlo

ብርጭቆ ምሕጻብ

kartáč na záda

አስባስላ ሕቆ

mýdlo

ሳምና

sprchový gel

ሻወር ጀል

šampón

ሻምፑ

žínka

ጨርቂ መሕጸቢ

odpad

መውሓዚ

krém

ክሬማ

deodorant

ደዮ ጨና

zrcadlo

መስትያት

kosmetické zrcátko

ናይ ኢድ መስትያት

holicí strojek

መላጸ

pěna na holení

ዓፍራ ምልጻይ

voda po holení

ጨና ድሕሪ ምልጻይ

hřeben

መመሸጥ

kartáč

ኣስባስላ

fén

መንቆጺ ጸጕሪ

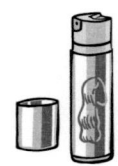

lak na vlasy

ስፕረይ ጸጕሪ

makeup

መመላኽዒ

rtěnka

ብርዒ ቀለም ከንፈር

lak na nehty

ኣዝማልቶ

vata

ጸምሪ ጡጥ

nůžky na nehty

መስደዲ ጽፍሪ

parfém

ጨና

40   koupelna - ክፍሊ ባንዮ

...ška s toaletními potřebami

ሳንጣ መሕጸቢ.

stolička

ድኳ

váha

ሚዛን

župan

ክዳን መሕጸቢ.

gumové rukavice

ጎንቲ መጸረዪ.

tampón

ታምፖን

dámská vložka

ጨርቂ ሰበይቲ

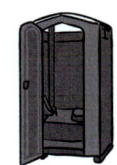

chemická toaleta

ሽቓቕ ከሚስትሪ

dětský pokoj

ክፍሊ ቆልዑ

budík
ኣላርም መተስኢ
plyšová hračka
መጻወቲ እንስሳ
autíčko
መጻወቲ መኪና
chrastítko
ኳሕኳሕ መበሊ
domeček pro panenky
ቤት ባምቡላ
dárek
ህያብ

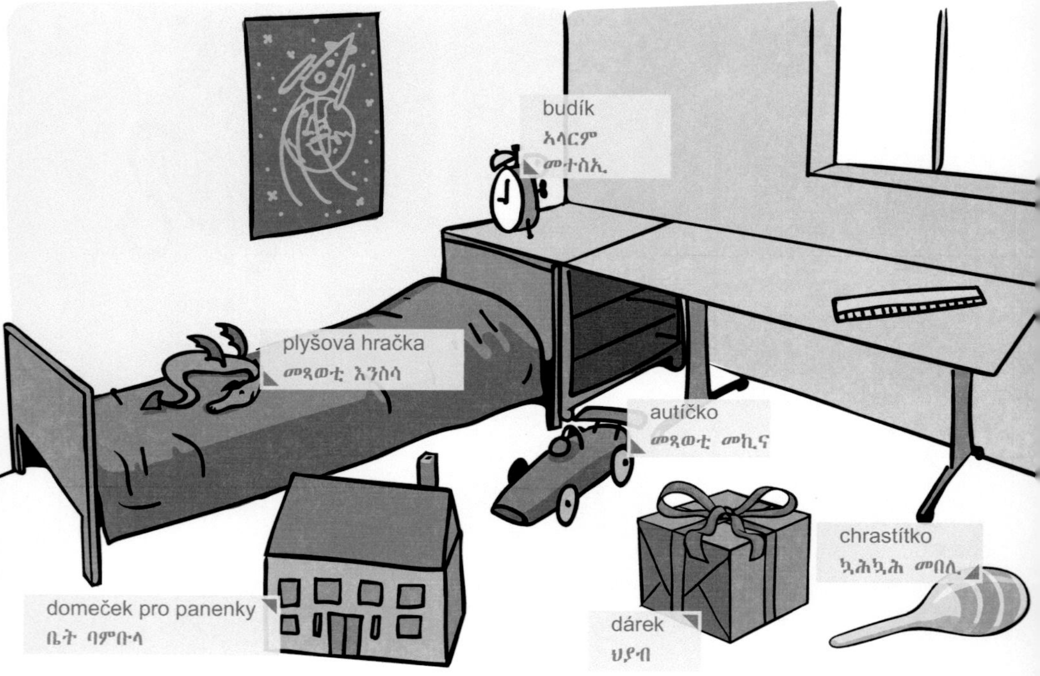

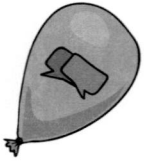

balón

ባላንችና

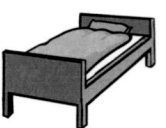

postel

ዓራት

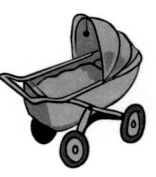

kočárek

ሰረገላ ህጻን

balíček karet

ጸወታ ካርታ

puzzle

ሕንቅሊተይ

SUPER
MEGA

komiks

ኮሚዲ

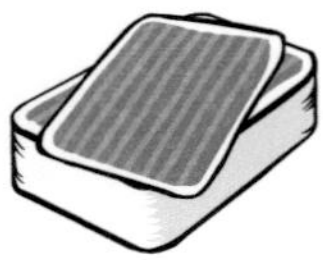

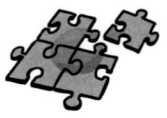

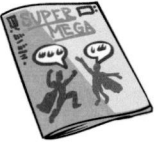

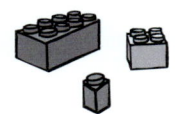

lego kostky

እምንታት መጻወቲ ለጎ

stavebnice

መጻወቲ እምንታት

akční figurka

በዓል አክቸን

dupačky

ክዳን ማማይ

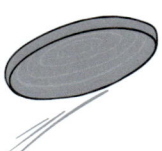

frisbee

ፍሪስቢ

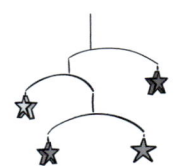

závěsné hračky nad postýlku

ሞባይል ማማይ

desková hra

ጸወታ ሰሌዳ

kostky

ኩቦ

modelová železnice

ሞደል ባቡር ምድሪ

dudlík

ዓባስ

oslava

ፓርቲ

obrázková kniha

መጽሓፍ ስእሊ

míč

ኩዕሶ

panenka

ባምቡላ

hrát si

ተጻወተ

pískoviště

መጻወቲ ሓጺ

houpačka

ሰላል

hračky

መጻወቲታት

hrací konzole

ኮንሶል ቪድዮ

tříkolka

መጻወቲ ስለስተ መንኮርኮር

medvídek

ተዲ

šatník

ከብሒ ክዳን

oblečení

ክዳን

ponožky

ካልስታት

punčochy

ነዊሕ ካልስታት

punčochové kalhoty

ስረ ካልሲ

šála
ሻርባ

deštník
ጽላል

tričko
ማልያ

pásek
ቁልፊ

kozačky
ረፋዕ

domácí obuv
ጫማ ገዛ

tenisky
ስኔክስ

sandály

....

ሸበጥ

obuv

....

ጫማ

holínky

....

ረፋዕ ጎማ

spodní prádlo

....

ሙታንታ

podprsenka

....

ክዳን ጡብ

nátělník

....

ትሕተ ካሚቻ

oblečení - ክዳን

body

ቦዲ

kalhoty

ስሪ

džíny

ጂንስ

sukně

ቀሚሽ

blůza

ካምቻ

košile

ካሚቻ

svetr

ጉልፍ

mikina

ጎልፍ

blejzr

ጃኬት

bunda

ጃከት

kabát

ጁባ

pláštěnka

ክዳን ዝናብ

kostým

ኮስቱም

šaty

ቀሚሽ

svatební šaty

ቀሚሽ መርዓ

oblek

ልብሲ.

noční košile

ካሚቻ ለይቲ

pyžamo

ክዳን ለይቲ

sárí

ሳሪ

šátek na hlavu

መሃረብ ርእሲ.

turban

ቱርባን

burka

ቡርካ

kaftan

ካፍታን

abája

አባያ

plavky

ክዳን መሕምበሲ.

pánské plavky

ስረ መሕምበሲ.

kraťasy

ሓጺር ስረ

tepláková souprava

ክዳን ታዕሊም

zástěra

በጃ ክዳን

rukavice

ጓንቲ

knoflík

መልጎም

brýle

መነጽር

náramek

በንናጅር

náhrdelník

ማዕተብ

prsten

ቀለበት

náušnice

ኩትሻ

čepice

ቆብዕ

ramínko

መንበሪ ጁባ

klobouk

ባርኔጣ

kravata

ካርራቫት

zip

ሻርኔጣ

helma

ሀልመት

kšandy

መድልደል ስረ

školní uniforma

ድቢዛ ቤትትምህርቲ

uniforma

ድቢዛ

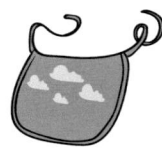

bryndák

ሰደርያ ቆልዓ

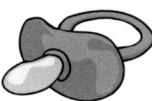

dudlík

ዓባስ

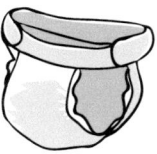

plena

ጨርቂ ማማይ

kancelář

ቤት ጽሕፈት

server
ሰርቨር
kartotéka
ክብሒ ሰነድ
tiskárna
ፕሪንተር
papír
ወረቐት
monitor
ሞኒቶር
myš
ኣንጭዋ
psací stůl
ጣውላ ምጽሓፍ
šanon
ሓቛፊ
klávesnice
ኪቦርድ
odpadkový koš na papír
ጎሓፍ ወረቐት
počítač
ኮምፒተር
židle
መንበር

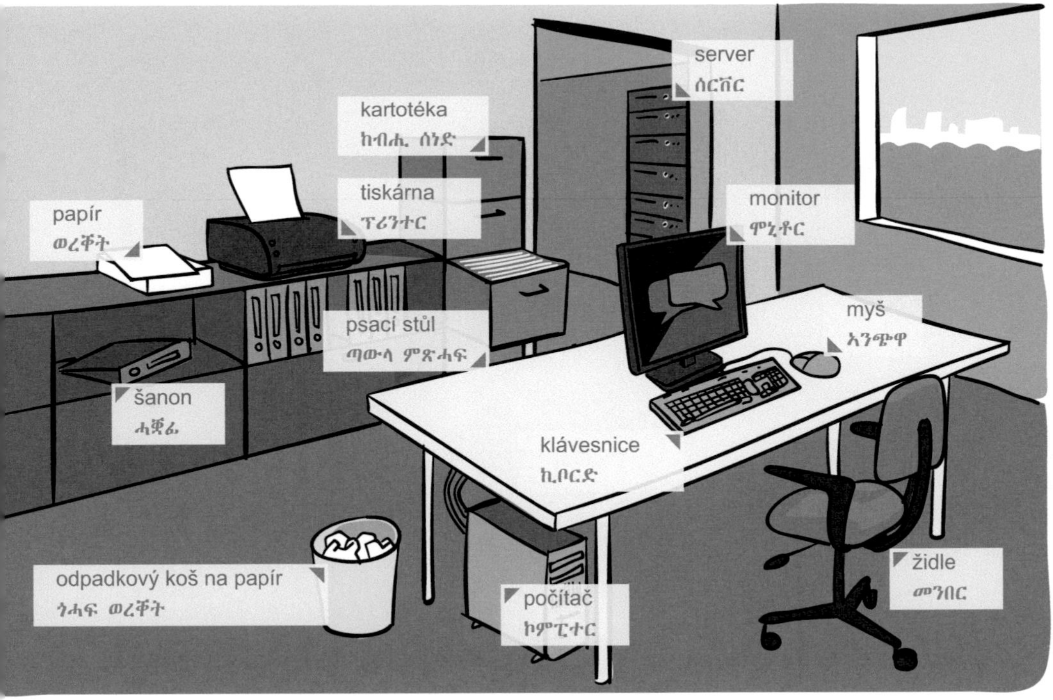

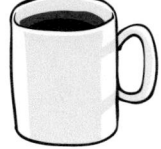

hrnek na kávu

ብርጭቆ ቡን

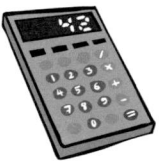

kalkulačka

ካልኩለተር

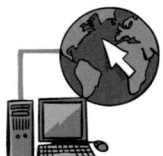

internet

ኢንተርነት

notebook

ላፕቶፕ

dopis

ደብዳበ

zpráva

መልእኽቲ

mobil

ሞባይል

síť

ነትወርክ/መርበብ

kopírka

መቕድሒ ፎቶኮፒ

software

ሶፍትዌር

telefon

ተለፎን

zásuvka

ሶከት ኢረንቲ

fax

ፋክስ

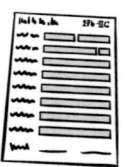

formulář

ፎርም

dokument

ሰነድ

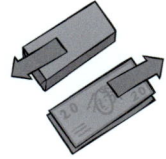

nakupovat

ገዛእ

zaplatit

ከፈለ

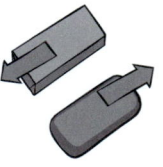

jednat

ንግዴ

peníze

ገንዘብ

dolar

ዶላር

euro

አይሮ

jen

የን

rubl

ሩብል

frank

ስዊዝ ፍራንከን

juan

ረንሚንቢ የዋን

rupie

ሩፐየ

bankomat

መውጽኢ ማሺን ገንዘብ

směnárna

ቦታ ቅያር ገንዘብ

zlato

ወርቂ

stříbro

ብሩር

olej

ዘይቲ

energie

ሓይሊ

cena

ዋጋ

smlouva

ውዕል

daň

ቀረጽ

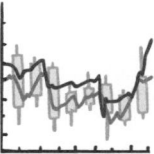

akcie

እኩብ ጥሪ-ነገራት

pracovat

ስራሕ

zaměstnanec

ሰራሕተኛ

zaměstnavatel

ኣስራሒ

továrna

ትካል

obchod

ዱኳን

povolání
ሞያታት

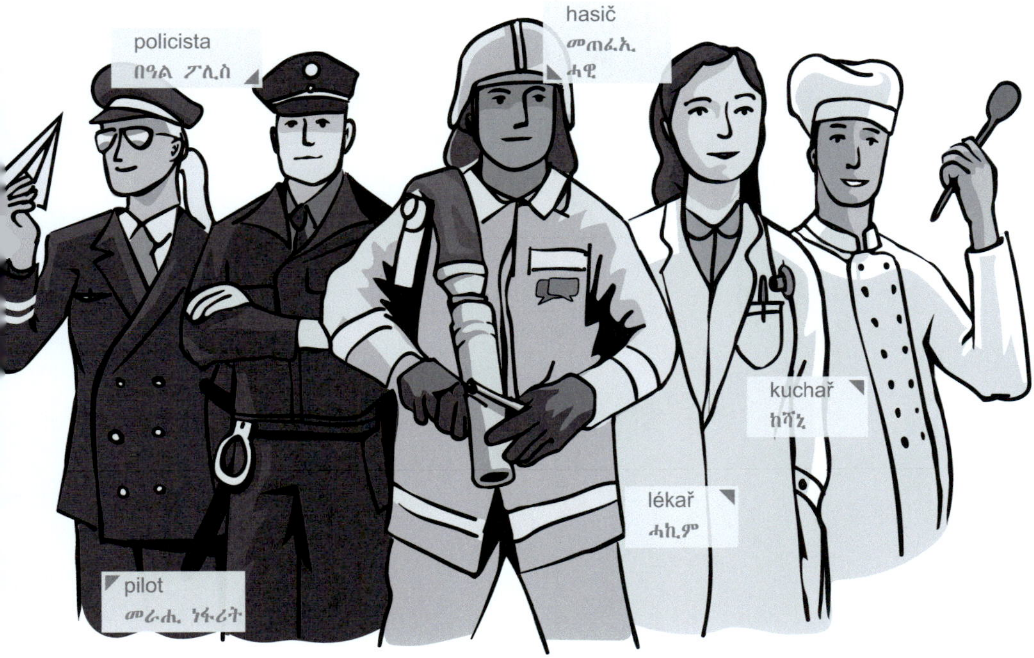

policista
በዓል ፖሊስ
hasič
መጠፈኢ ሓዊ
kuchař
ከሻኒ
lékař
ሓኪም
pilot
መራሒ ነፋሪት

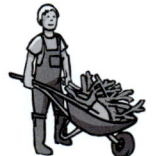

zahradník

ሰራሕተኛ ጀርዲን

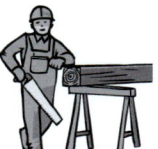

truhlář

ጸራቢ ዕንጸይቲ

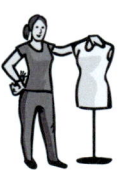

švadlena

ሰፋይት

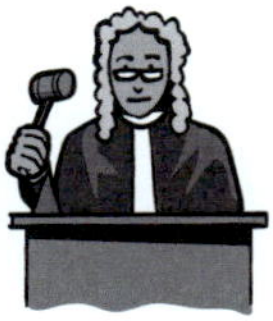

soudce

ፈራዳይ

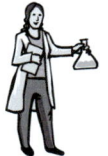

chemik

ቀማሚ

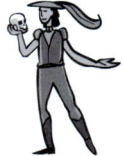

herec

ተዋሳኢ

řidič autobusu

መራሒ ኣዉቶቡስ

řidič taxi

ኣውቲስታ ታክሲ

rybář

ገፋሪ ዓሳ

uklízečka

ጽሩጊት

pokrývač

ሃናጺይ ናሕሲ

číšník

ኣስላሪ

myslivec

ሃዳናይ

malíř

ሰኣላይ

pekař

እንዳ ሕብስቲ

elektrikář

ኤለትሪከኛ

stavební dělník

ሃናጺ ኣባይቲ

inženýr

ሃንዳሲ

řezník

ሰራሕተኛ እንዳ ስጋ

klempíř

ድራብሊኮ

listonoš

ኣማላሳሲ ፖስጣ

voják

ወተሃደር

architekt

መሃንድስ

pokladní

ተሓዝ ገንዘብ

florista

ስራሕተኛ ዕምባባ

kadeřník

ቀም ቃማይ

průvodčí

ፈተሪኖ

mechanik

መካኒክ

kapitán

መራሒ መርከብ

zubař

ሓኪም ስኒ

vědec

ተመራማሪ

rabín

ራቢ

imám

ኢማም

mnich

ፈላሲ

duchovní

ቀሺ

nářadí

ናውቲ

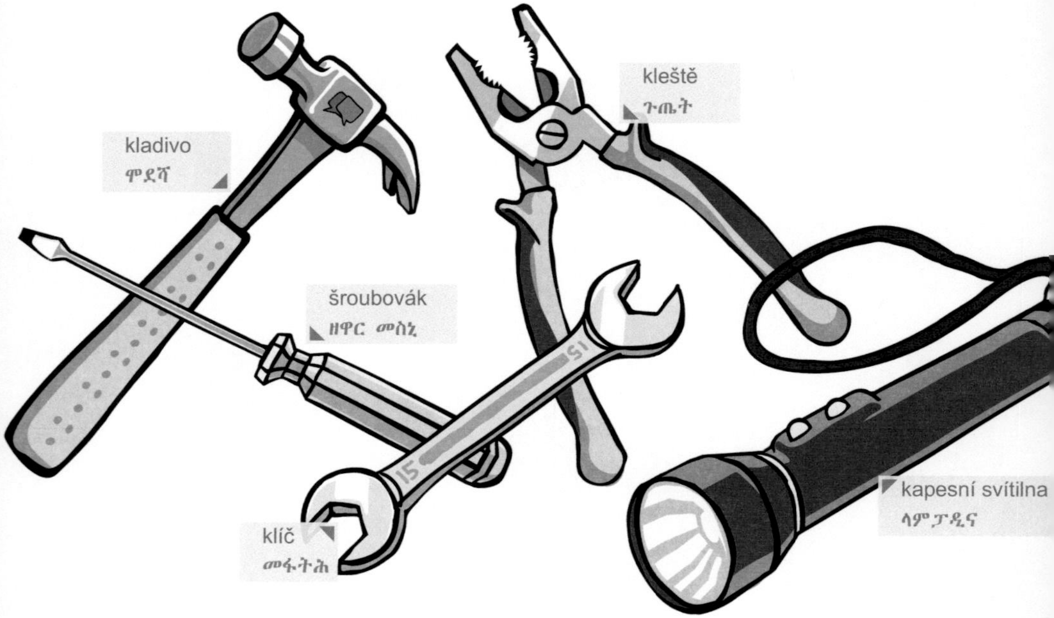
kladivo
ሞደሻ
kleště
ጉጤት
šroubovák
ዘዋር መስኒ
klíč
መፋትሕ
kapesní svítilna
ላምፓዲና

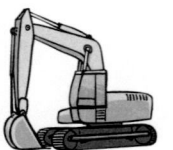

bagr

ፈሓሪ

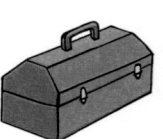

skříň na nářadí

ናውቲ ቦክስ

žebřík

መደያይቦ

pila

መጋዝ

hřebíky

መስማር

vrtačka

ኰዓቲ

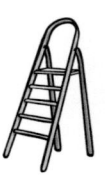

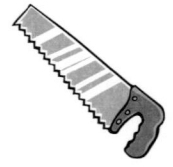

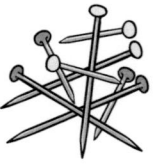

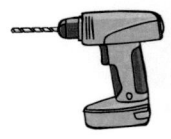

opravit

ምዕራይ

lopata

ባደላ

Kurva!

አይ!

lopatka

መትሓዚ ዶሮና

vědroé na barvu

ድስቲ ቀለም

šrouby

ካቺቢተ

hudební nástroje
መሳርሒ ሙዚቃ

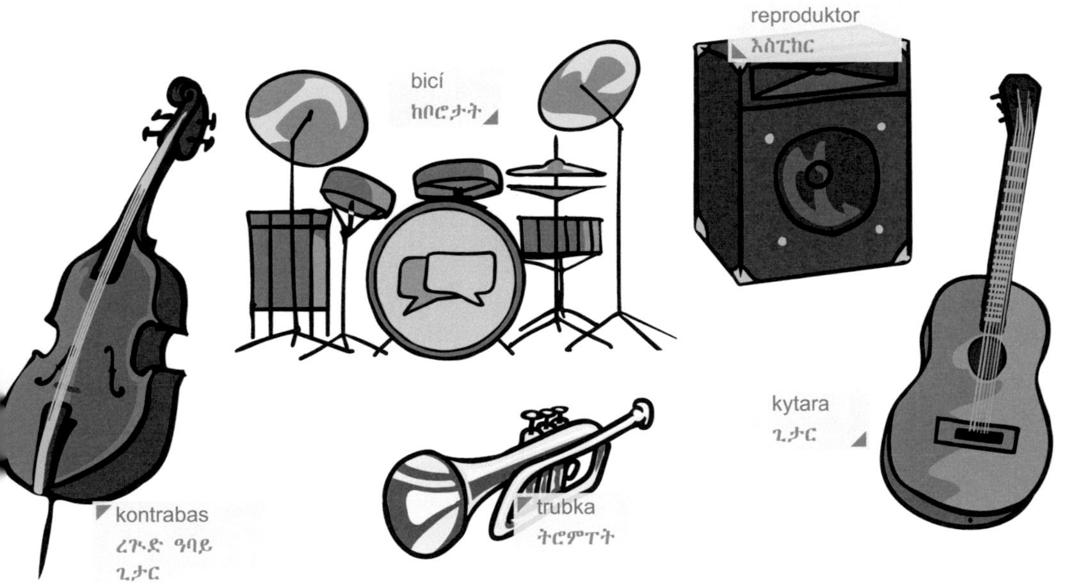

reproduktor
እስፒከር

bicí
ከበሮታት

kytara
ጊታር

kontrabas
ረጒድ ዓባይ
ጊታር

trubka
ትሮምፐት

klavír

ፒያኖ

housle

ቪዮሊን

basa

ባስ ጊታር

tympán

ቲምንኢ.

bubny

ከበሮ

keyboard

ኦርጋን

saxofon

ሳክሶፎን

flétna

ሻምብቋ

mikrofon

ሚክሮፎን

tygr
ነብር

klec
ጎብያ

vstup
መእተዊ

zebra
አድጊ በረኻ

krmivo pro zvířata
መግቢ እንስሳ

panda
ፓንዳ

zvířata

እንስሳታት

slon

ሓርማዝ

klokan

ካንጋሩ

nosorožec

ሓሪሽ

gorila

ጉሪላ

medvěd

ድቢ

velbloud

ገመል

pštros

ሰገን

lev

አንበሳ

opice

ህበይ

plameňák

ፍላሚንጎ

papoušek

ሕንጻይ

lední medvěd

ድቢ በረድ

tučňák

ፐንጒን

žralok

ከልቢ ዓሳ

páv

ጣውስ

had

ተመን

krokodýl

ሓርገጽ

ošetřovatel zvířat

ሓላዊ ቤት ገርድሽ

tuleň

ዓሳ ዚምገብ እንስሳ ባሕሪ

jaguár

ጃጓር

poník

ሐጺር ፈረስ

leopard

ነብሪ

hroch

ጉማረ

žirafa

ጄራፍ

orel

ሊላ

divoké prase

መፍለስ

ryby

ዓሳ

želva

ጎብየ

mrož

ዋልሩስ

liška

ወኻርያ

gazela

ሰስሓ

americký fotbal
ናይ አሜሪካ ኩዕሶ እግሪ

cyklistika
ምዝዋር ብሽግለታ

tenis
ተኒስ

košíková
ባስከትባል

plavání
ምሕምባስ

box
ቦክሲንግ

lední hokej
ሆኪ በረድ

kopaná

ኩዕሶ እግሪ

badminton

ባድሚንተን

lehká atletika

እስፖርታዊ ንጥፈታት

házená

ኩዕሶ ኢድ

běh na lyžích

ስኪ

vodní pólo

ፖሎ

skočit
ነጠረ

smát se
ሰሐቀ

objímat
ሓቖፈ

jít
ከደ

zpívat
ደረፈ

modlit se
ጸለየ

políbit
ሰዓመ

snít
ሐለመ

psát
ጸሓፈ

kreslit
ስኣለ

ukazovat
ኣርኣየ

tlačit
ደፍአ

dát
ሃበ

vzít si
ወሰደ

mít

አለው

dělat

ገበረ

být

ኮነ

stát

ጠጠው በለ

běhat

ጎየየ

táhnout

ሰሓበ

hodit

ሰንደወ

padat

ወደቐ

ležet

ሓሰወ

čekat

ተጸበየ

nosit

ሰከሞ

sedět

ኮፍ በለ

oblékat

ተኸድነ

spát

ደቀሰ

vzbudit se

ተስአ

prohlédnout si

ረአየ

plakat

በኸየ

pohladit

ብኣጸብሑ ደረዝ

česat

መሽጠ

hovořit

ተዛረበ

rozumět

ተረድአ

ptát se

ሓተተ

slyšet

ሰምዐ

pít

ሰተየ

jíst

በልዐ

uklidit

አጽመጠ

milovat

አፍቀረ

vařit

ከሽነ

jet

ዘወረ

letět

ነፈረ

plachtit

ብመርከብ ገየሽ

počítat

ደመረ

číst

አንበበ

učit se

ተመሃረ

pracovat

ሰርሐ

vzít si

መርዓወ

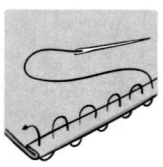

šít

ሰፈየ

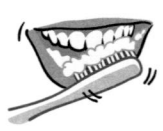

čistit si zuby

ጽሬት አስናን

zabít

ቀተለ

kouřit

ሽጋራ ተከኸ

poslat

ሰደደ

babička
ዓባየ

dědeček
አቦሓጎ

otec
አቦ

matka
ኣደ

dítě
ማማይ

dcera
ጓል

syn
ወዱ

host

ጋሻ

teta

ሓትኖ

strýc

አኮ

bratr

ሓው

sestra

ሓፍቲ

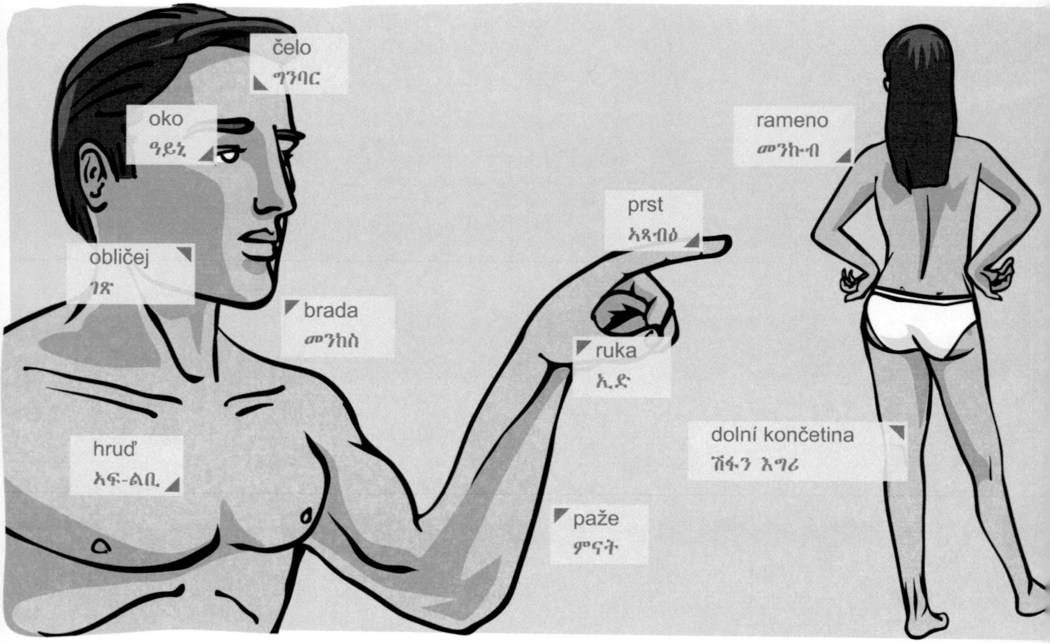

čelo
▼ ግንባር

oko
ዓይኒ

rameno
መንኩብ ◣

prst
አጻብዕ

obličej
ገጽ ▼

brada
መንከስ

ruka
ኢድ

hruď
አፍ-ልቢ ◣

dolní končetina
ሽፋን እግሪ ◣

paže
ምናት

dítě

ማማይ

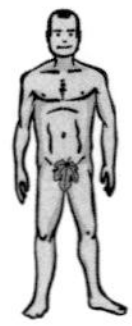

muž

ሰብአይ

žena

ሰበይቲ

dívka

ጓል

chlapec

ወዲ

hlava

ርእሲ

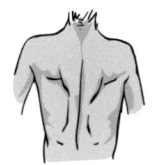

záda

ሕቖ

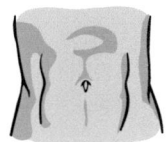

břicho

ከስዐ

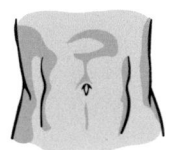

pupík

ሕምብርቲ

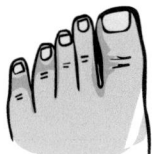

prst na noze

አጻብዕ እግሪ

pata

ኩርኹረ

kost

ዓጽሚ

bok

ምሕኮልቲ

koleno

ብርኪ

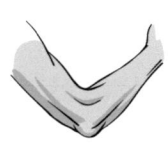

loket

ፍግፍጐ

nos

አፍንጫ

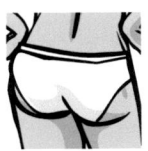

zadek

መዓኮር

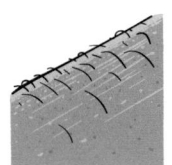

kůže

ቆርበት

tvář

ምዕጐርቲ

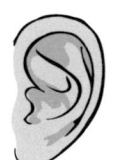

ucho

እዝኒ

ret

ከንፈር

ústa

አፍ

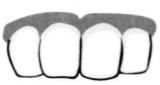

zub

ስኒ

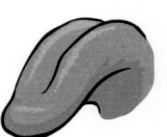

jazyk

መልሓስ

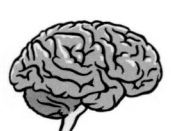

mozek

ሓንጎል

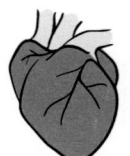

srdce

ልቢ

sval

ጭዋዳ

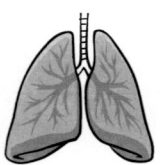

plíce

ሳንቡእ

játra

ጸላም ከብዲ

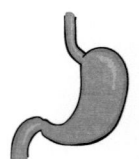

žaludek

ከብዲ

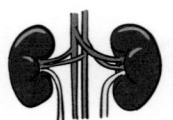

ledviny

ኩሊት

pohlavní styk

ግብረ ስጋ

kondom

ኮንዶም

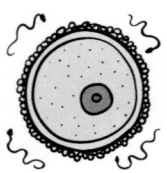

vajíčko

እንቋቑሖ

sperma

ዘርኢ ተባዕታይ

těhotenství

ጥንሲ

70   tělo - ኣካላት

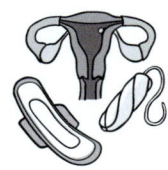

menstruace

ጽግያት

vagina

ርሕሚ

penis

መትሎ

obočí

ሽፋሽፍቲ

vlasy

ጸግሪ

krk

ክሳድ

nemocnice

ሆስፒታል

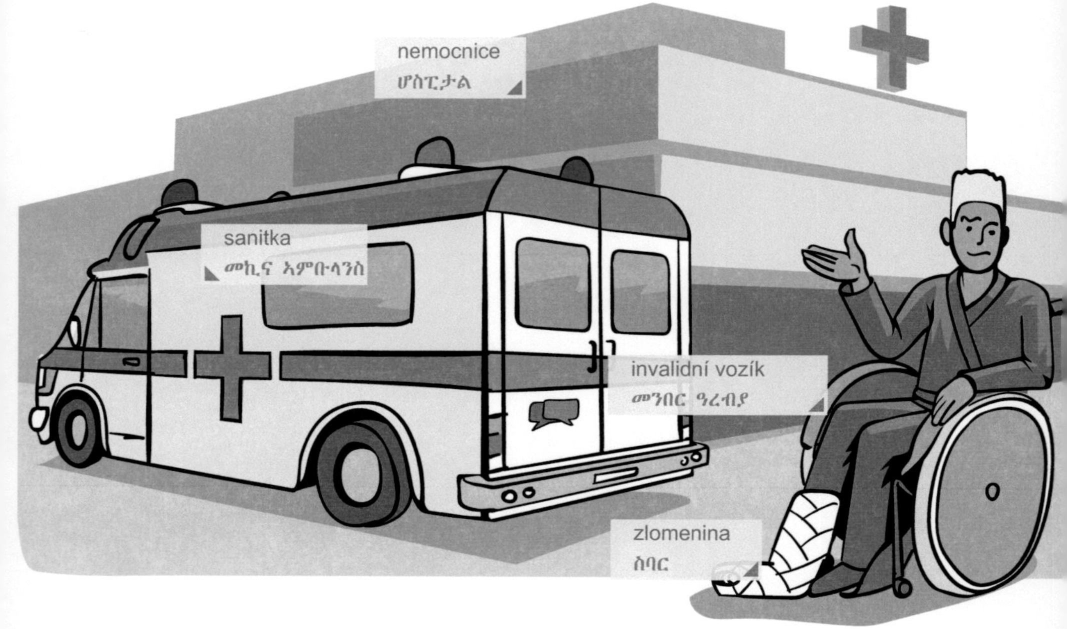

nemocnice
ሆስፒታል
sanitka
መኪና ኣምቡላንስ
invalidní vozík
መንበር ዓረብያ
zlomenina
ስባር

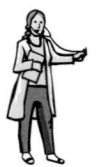

lékař

ሓኪም

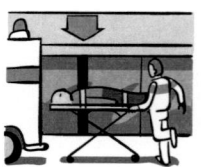

pohotovost

ክፍሊ ህጹጽ ረድኤት

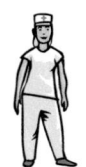

zdravotní sestra

ኣላይት

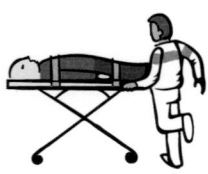

urgentní případ

ህጹጽ ኩነት

v bezvědomí

ውንኡ ዘጥፍአ

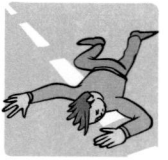

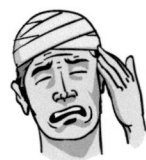

bolest

ቃንዛ

úraz

ጉድኣት

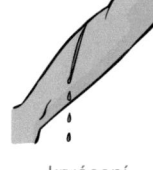

krvácení

ደም

infarkt myokardu

ማህረምቲ

cévní mozková příhoda

ማህረምቲ

alergie

አለርጂ

kašel

ሰዓል

horečka

ረስኒ

chřipka

ኡ ንፍልውንዛ

průjem

ውጽኣት

bolest hlavy

ቃንዛ ርእሲ

rakovina

መንሽሮ

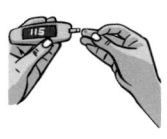

cukrovka

ሹኮርያ

chirurg

ሓኪም መጥባሕቲ

skalpel

መጥብሒ

operace

መጥባሕቲ

CT

CT

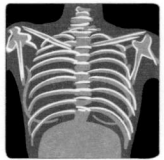

rentgen

ራጁ

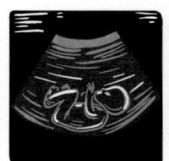

ultrazvuk

ልዕለ ድምጻዊ

maska

መሸፈኒ ገጽ

nemoc

ሕማም

čekárna

ክፍሊ ምጽባይ

berle

ምርኩስ

náplast

መጅነኒ ቐስሊ.

obvaz

መጅነኒ

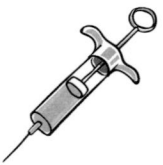

injekce

መርፍዕ ምውጋእ

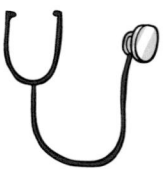

stetoskop

ስተቶስኮፕ

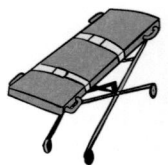

nosítka

መሰከሚ ሕማም

teploměr

ቴርሞመተር

porod

ትውልዲ

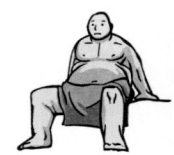

nadváha

ልዕለ-ሚዛን

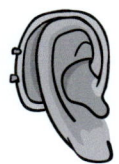

naslouchátko

ሓገዝ ምስማዕ

dezinfekční prostředek

ኣንጻሒ

infekce

ልበዳ

virus

ቫይረስ

HIV / AIDS

ኤድስ

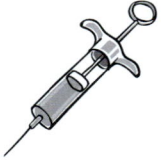

lékařství

ሕክምና

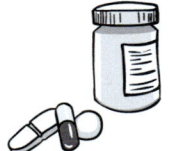

očkování

ክታበ

tablety

ክኒና

pilulka

ክኒና

tísňové volání

ህጹጽ ምድዋል

tonometr

መዐቀኒ ጸቕጢ ደም

nemocný / zdravý

ሕሙም / ጥዑይ

Pomoc!

ሓገዝ

poplach

ኣላርም

přepadení

ምህጃም

napadení

መጥቃዕቲ

nebezpečí

ድንገት

nouzový východ

ህጹጽ መውጽኢ

Hoří!

ሓዊ!

hasicí přístroj

መጥፍኢ ሓዊ

nehoda

ሓደጋ

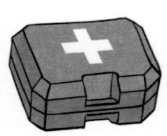

zdravotnická brašna

ሳንጣ ቀዳማይ ረድኤት

SOS

SOS

policie

ፖሊስ

Evropa

ኤውሮጳ

Severní Amerika

ሰሜን አመሪካ

Jižní Amerika

ደቡብ አመሪካ

Afrika

አፍሪቃ

Asie

ኤስያ

Austrálie

አውስትራልያ

Atlantik

አትላንቲክ

Pacifik

ፓሲፊክ

Indický oceán

ህንዳዊ ዉቅያኖስ

Jižní ledový oceán

አንታርቲካዊ ዉቅያኖስ

Severní ledový oceán

አርክቲካዊ ዉቅያኖስ

severní pól

ሰሜናዊ ዋልታ

jižní pól

ደቡባዊ ዋልታ

Antarktida

አንታርቲካ

země

ምድሪ

pevnina

መሬት

moře

ባሕሪ

ostrov

ደሴት

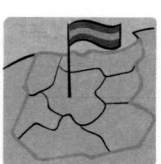

národ

ሃገር

stát

ዓዲ

ciferník

ገጽ ሰዓት

hodinová ručička

ኣመልካቲ ሰዓታት

minutová ručička

ኣመልካቲ ደቓይቕ

vteřinová ručička

ኣመልካቲ ካልኢት

Kolik je hodin?

ሰዓት ክንደይ ኣሎ?

den

መዓልቲ

čas

ግዜ

teď

ሕጂ

digitální hodinky

ዲጂታል ሰዓት

minuta

ደቒቕ

hodina

ሰዓት

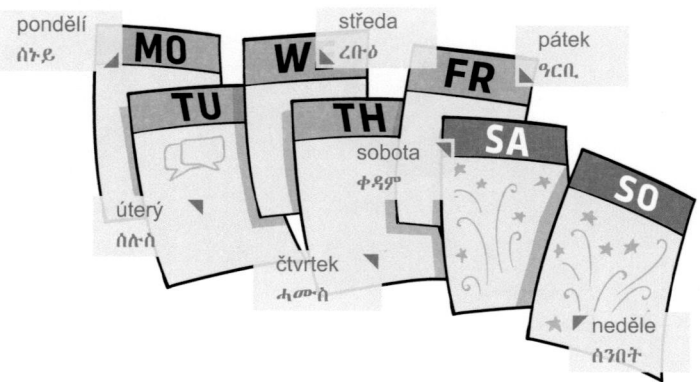

pondělí
ሰኑይ

MO

TU

úterý
ሰሉስ

středa
ረቡዕ

W

TH

čtvrtek
ሓሙስ

FR

pátek
ዓርቢ

SA

sobota
ቀዳም

SO

neděle
ሰንበት

včera

ትማሊ

dnes

ሎሚ

zítra

ጽባሕ

ráno

ንጎሆ

poledne

ቀትሪ

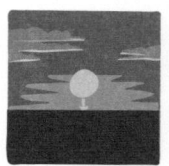

večer

ምሽት

MO	TU	WE	TH	FR	SA	SU
1	2	3	4	5	6	7
8	9	10	11	12	13	14
15	16	17	18	19	20	21
22	23	24	25	26	27	28
29	30	31	1	2	3	4

pracovní dny

መዓልታት ስራሕ

MO	TU	WE	TH	FR	SA	SU
1	2	3	4	5	6	7
8	9	10	11	12	13	14
15	16	17	18	19	20	21
22	23	24	25	26	27	28
29	30	31	1	2	3	4

víkend

መወዳእታ ሰሙን

déšť
ዝናብ

duha
ቀስተ-ደመና

sníh
በረድ

vítr
ንፋስ

jaro
ጸድያ

podzim
ቀውዒ

léto
ሓጋይ

zima
ክረምቲ

4.APRIL	11°	☀
5.APRIL	4°	☁
6.APRIL	13°	🌧
7.APRIL	8°	☀
8.APRIL	10°	☀

předpověď počasí

ትንቢት ኩነታት አየር

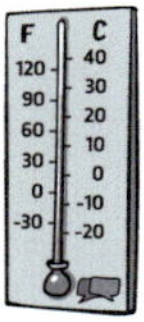

teploměr

ቴርሞመተር

sluneční svit

ብርሃን ጸሓይ

mrak

ደበና

mlha

ግመ

vlhkost

ጠሊ

blesk

ብርቂ

hrom

ነጕዳ

bouřka

ህቦብላ

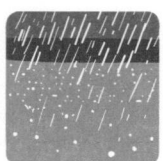

kroupy

በረድ

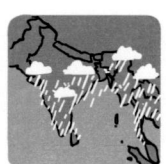

monzun

ብርቱዕ ህቦብላ

povodeň

ውሕጅ

led

በረድ

leden

ጥሪ

únor

ለካቲት

březen

መጋቢት

duben

ሚያዝያ

květen

ጉንበት

červen

ሰነ

červenec

ሓምለ

srpen

ነሓሰ

zář í

መስከረም

řijen

ጥቅምቲ

listopad

ሕዳር

prosinec

ታሕሳስ

tvary

ቅርጺታት

kruh

ዙርያ

čtverec

ትርብዒት

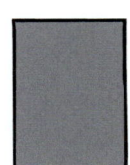

obdélník

ቅኑዕ ርቡዕ ኵርናዕ

trojúhelník

ስሉስ ኵርናዕ

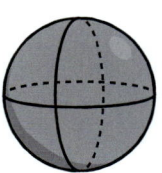

koule

ክቢ

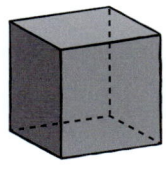

krychle

ኩብ

bílá

ጸዕዳ

žlutá

ብጫ

oranžová

አራንሺ

růžová

ፒንክ

červená

ቀይሕ

fialová

ጀኽ

modrá

ሰማያዊ

zelená

ቀጠልያ

hnědá

ቡናዊ

šedá

ሓሙኽሽታይ

černá

ጸሊም

hodně / málo

ብዙሕ / ውሑድ

rozzuřený / mírumilovný

ሕሩቕ / ሰላማዊ

krásný / ošklivý

ጽቡቕ / ክፉእ

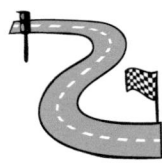

začátek / konec

መጀመርያ / መወዳእታ

velký / malý

ዓቢ / ንእሽቶ

světlý / tmavý

ብሩህ / ጸልማት

bratr / sestra

ሓው / ሓፍት

čistý / špinavý

ጽሩይ / ርሳሕ

úplný / neúplný

ምሉእ / ዘይምሉእ

den / noc

መዓልቲ / ለይቲ

mrtvý / živý

ሙዉት / ህልው

široký / úzký

ሰፊሕ / ጸቢብ

jedlý / nejedlý

ደስ ዘበል / ደስ ዘይብል

zlý / hodný

እኩይ / ህያዋይ

vzrušený / znuděný

ርቡጽ / ስልኩይ

tlustý / hubený

ረጊድ / ቀጢን

nejdříve / naposledy

ቀዳማይ / ናይ መወዳእታ

přítel / nepřítel

ዓርኪ / ጸላኢ

plný / prázdný

ምሉእ / ባዶ

tvrdý / měkký

ተሪር / ልስሉስ

těžký / lehký

ከቢድ / ፈኩስ

hlad / žízeň

ጥምየት / ጽምየት

nemocný / zdravý

ሕሙም / ጥዑይ

ilegální / legální

ዘይሕጋዊ / ሕጋዊ

inteligentní / hloupý

መስተውዓሊ / ስዉ

vlevo / vpravo

ጸጋም / የማን

blízko / daleko

ቀረባ / ርሑቕ

nový / použitý

ሓዲሽ / ብሉይ

nic / něco

ዋላ ሓደ / ገለ

starý / mladý

ዓቢ/ኣረጊት / መንእሰይ

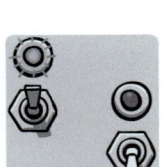

zapnutý / vypnutý

ወልዕ / ኣጥፍእ

otevřeno / zavřeno

ክፉት / ዕጹው

tichý / hlasitý

ህዱእ / ዓው

bohatý / chudý

ሃብታም / ድኻ

správný / špatný

ቅኑዕ / ግጉይ

drsný / hladký

ሓርፋፍ / ልሙጽ

smutný / šťastný

ጉሁይ / ሕጉስ

krátký / dlouhý

ሓጺር / ነዊሕ

pomalý / rychlý

ቀስ / ቅልጡፍ

vlhký / suchý

ጥሉል / ንቑጽ

teplý / chladný

ምዉቕ / ዝሑል

válka / mír

ውግእ / ሰላም

0

nula

ዜሮ

1

jedna

ሓደ

2

dva

ክልተ

3

tři

ሰለስተ

4

čtyři

ኣርባዕተ

5

pět

ሓሙሽተ

6

šest

ሽዱሽተ

7

sedm

ሽውዓተ

8

osm

ሽሞንተ

9

devět

ትሽዓተ

10

deset

ዓሰርተ

11

jedenáct

ዓሰርተ ሓደ

12

dvanáct

ዓሰርተ ክልተ

13

třináct

ዓሰርተ ሰለስተ

14

čtrnáct

ዓሰርተ አርባዕተ

15

patnáct

ዓሰርተ ሓሙሽተ

16

šestnáct

ዓሰርተ ሽዱሽተ

17

sedmnáct

ዓሰርተ ሽውዓተ

18

osmnáct

ዓሰርተ ሽሞንተ

19

devatenáct

ዓሰርተ ትሽዓተ

20

dvacet

ዕስራ

100

sto

ሚእቲ

1.000

tisíc

ሽሕ

1.000.000

milion

ሚልዮን

angličtina

እንግሊዝኛ

americká angličtina

አሜሪካዊ እንግሊዛዊ

standardní čínština

ቻይናዊ ማንዳሪን

hindština

ሂንዳዊ

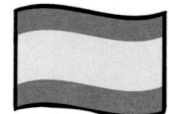

španělština

እስጳኛዊ

francouzština

ፈረንሳዊ

arabština

ዓረባዊ

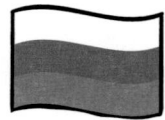

ruština

ሩሲያዊ

portugalština

ፖርቱጋላዊ

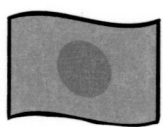

bengálština

በንጋሊ

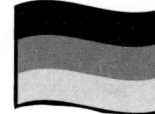

němčina

ጀርመናዊ

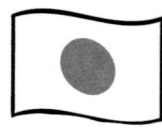

japonština

ጃፓናዊ

já

አን

ty

ንስኻ/ኺ.

on / ona / ono

ንሱ / ንሳ / ንሱ

my

ንሕና

vy

ንስኻ

oni

ንሳቶም

Kdo?

መን?

Co?

እንታይ?

Jak?

ከመይ?

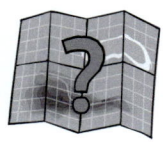

Kde?

አበይ?

Kdy?

መዓስ?

jméno

ሽም

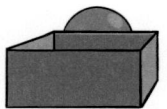

za

ድሕሪ

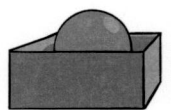

do

አብ

z

አብ ቅድሚ

nad

አብ ላዕሊ

na

አብ ልዕሊ

mezi

ትሕቲ ምድሪ

vedle

አብ ጥቓ

mezi

አብ መንጎ

místo

ቦታ